Dirk Büsken

SEELENNACHTGRENZGÄNGE

100 Gedichte

Dirk Büsken, geboren am 18. Februar 1972 in Borken (Westf.), studierte Philosophie, Psychologie und Soziologie in Köln, Bonn und Hagen. Nach ‚Denkwerk – Versuch einer lyrischen Philosophie' liegt mit ‚Seelennachtgrenzgänge' seine zweite Monographie vor, die in eindringlicher sinnlich-körperlicher Bildsprache die Verletzlichkeit menschlicher Existenz thematisiert.

Bibliographische Information der Deutschen Nationalbibliothek: Die Deutsche Nationalbibliothek verzeichnet diese Publikation in der deutschen Nationalbibliografie; detaillierte bibliografische Daten sind im Internet über http://dnb.dnb.de abrufbar.

© 2015 Dirk Büsken

www.dirkbuesken.de

Herstellung und Verlag:
BoD, Books on Demand, Norderstedt

ISBN: 978-3-7347-7910-7

Mein schönstes Gedicht?
Ich schrieb es nicht.
Aus tiefsten Tiefen stieg es.
Ich schwieg es.

(Mascha Kaléko, 1907-1975)

AUFLÖSUNG

Rieb mir die Augen,
Blieb blind zurück.
Saugte gierig an einem Geräusch,
Hing taub in der Welt.
So wie mein Sprechen
Erstarb meine Sprache.
Kroch mühsam umher,
Griff mit zerfurchten Händen
Nach Worten aus Stein.
Weiß nicht, ob sie meine waren.

KASTRATION

Ein silberner Kelch in sauberen Händen,
Unten, missachtet, die eigenen Lenden,
Setzt er an zum Trunk ins heilige Herz.

Und fiebrig gleiten Tropfen aus Schweiß,
Um die sein Verdrängtes unlängst weiß
Hinein in wässrige Augen voll Schmerz.

Ja, Leben, Sehnen, Vollzug und Erguss!
Nein, Sterben, Gehen, Entzug und Verdruss!
Setzt er an zu sauberem Schnitt – und entbehrt's.

SPIEL DER NÄHE

Zwitschernd klemmen sie sich ineinander,
Schmatzend rühmen sie
Ihre Liebe-Klebe-Substanz.
Stemmen sich zurück
Auf knorrigen Ellenbogen
Und blicken sich fern –
Draußen im Fenster der Zeit.
Unbemerkt fällt ihr Sehnen zurück
Ins unbeugsame Jetzt,
Umklammernd den Zipfel des Ewigen.

AUS GESPROCHEN

Wir haben uns ausgesprochen
Seit vierzig Jahr,
Haben uns alles gesagt:
Wenngleich noch viel zu sagen bliebe.

Haben uns aus gesprochen,
Ein Leben auf Stand-by,
Irgendwie da, gleichwohl stumm.

Was bleibt, sind die anderen,
Gaffen ihnen nach, fühlen sie nicht
Und uns noch viel weniger.

Ausgesprochen ausgesprochen
Haben wir uns aus gesprochen,
Könnten schmunzeln drüber –
Wenn wir könnten.

Übers Lachen, übers Lächeln,
Übers Schmunzeln haben wir uns
Aus gesprochen.
Existenz, nebeneinander, ausgedörrt, zerfallen.

Bleibt der Tod,
Wenn unsere krumme Angst
Ihn nur nicht fürchtete.

WO

Taumel ist die Welt,
Entstellt,
Wenn die Angst ihr Antlitz zeigt.

ANGST

Angst – wo bist du?
In meiner Brust, in meinem Bauch,
In meinem Kopf, in meinen Knien?
Zeig dich! Ich will dir in die Augen sehn
Und sagen: Geh!! Ich hass dich! Doch auch:
He, du tust mir ganz schön weh.
Will dich küssen, du sollst
Meine Geliebte sein,
Bin so allein,
Und dann dich erstechen, ja, ich wollt's!
Deine Augen sterben sehen,
Wie wär es schön!

REISE

Sorgendes Wal-Auge
Öffnet sich
In meinen Träumen
Und lässt
Die Gelee-Träne
Gleiten in meinen Seelen-Wagen.

Fahre mit ihm in grüne Ferne,
Zurückblickend auf ein Mosaik
Aus Angst.
Sein Bauch fett, sein Antlitz mager,
Kündet es mir
Von Messers Schneide.

IST WIE

Mein Zaudern fühlt sich an wie Zedern,
Leise zitternd im Wind.
Meine Angst ist wie ein Klammerwerk,
Kunstvoll, aber hässlich
Hat es mein Herz im Griff.
Meine Wut ist wie ein Zischen
In Kosmos-Dimensionen.
Meine Traurigkeit ist wie ein ölverklebter Vogel
Am Strand.

WOANDERS

Sie kratzte meinen Schlaf in Streifen,
Ein unsichtbares Feld
Wich mich von ihr fort.

Der Rhythmus
Des traumenden Wachens
Färbte mein Gemüt,
Schwarz und später rot.

Hechelnd versuche ich
Riesig zu zerlaufen.

FARBTUPFER

Bewege mich auf Planetenbahnen
Und speie Liebesschreie in die Sonne.
Wann hält das ewige Kreisen inne,
Sodass wir taumelnd ineinander fallen?
Amorph ist das Glück,
Denn es eint uns im Anfang,
So wie es uns am Ende einigen wird
Im großen Abgesang –
In Wahrheit der Chor des Lebens.
Mische alle Farben in mein Herz
Und streue sie beseelt in alle Richtungen:
Wer wird im roten Schatten stehen?

GLÜCK

Glückshappen umhüllen mich sanft,
Nehmen meine Gedanken
In schöne Gefangenschaft.
Weich schmiegt sich das Leben an mich,
Umgarnt mich vorsichtig mit Liebesfäden.
Dankend wandle ich durch die Tage
Und kann es noch nicht fassen.

STACHELHERZ

Läufst mir in die Arme
Und stirbst in ihnen,
Leise blutend an meinem Stachelherz.

MOMENTTAUMEL

Weich streichelt dich ein kurzer Moment
An den Wangen
Deiner Zukunft.

Fällst rückwärts ins
Unbedingte Nichts des
Noch-zu-Kommenden.

Ein Seelentaumel wird
Zum Rettungsschirm
Des völlig missverstandenen Lebens.

SEELENWEG

Lauf der Dinge, sagt man
Und sieht nicht, dass Wege sich
Unendlich kreuzen.
Mein Weg war kurz,
Lang lief er.
War die Zeit nur ein ergreister Fötus?
Holzgebälk vor dem Auge, kraftlos,
Konnte kein seelisches Winden erzeugen.
Heute lauf ich sehenden Auges
In einen Dornenstrauch –
Ist Rot nicht eine schöne Farbe,
Um altes Leid lustvoll zu ertränken?

SCHIZOPHRENIE

Die Schizophrenie leben –
Das ist es!
Sie aus dem tiefsten Selbst heraus bejahen,
Dieses Gefühl, es zerreißt
Dein Herz.
Doch dieses Zerreißen ist
Wie der höchste Punkt der Lust,
Es vibriert in dir und
Du lachst verschmitzt.
Es ist wie die Kraft zu besitzen,
Sich an den eigenen Haaren
Aus dem Sumpf zu ziehen.
Es ist ein lachendes Weinen,
Umtränkt von Liebe.

EWIGE WIEDERKEHR

Sah die Welt zersplittern,
Griff mutig in ihre Scherben
Und legte eine mit leisem Zittern
In mein Herz: Es wollte sterben.

Dort lag sie tausend Jahre,
Einer fand sie,
Hob sie ins Licht
Und fand vieles, nur eines nicht:
Das Wahre.

Aus Trauer schnitt er sich,
Lang und tief,
Bis leise ihm entwich:
„Es war das Leben, das ihn rief!"

ENTSPRENGUNG

Der Weg ebnet sich
Vorbei an Kerzenschein.
Inhaliere ihn bis ans innerste Gemüt – Erglühen!
Das ist die Farbe der Seele,
Regenbogen-Gedanken erkeimend.
Weite Landschaften des Denkens paaren sich gierig
Mit Herzensleid, das vor Freude
Einer Schnee bedeckten Wiese gleicht.
Quader, Kuben, Ornamente –
Sie wollen als Behältnisse zersprengt werden,
Damit ihr Inhalt
Tausend Menschenaugen beträufelt.
Dann kommt der Masse Lust,
Weil sie sehend erblindet
Durch eine mächtige Hand,
In die ein Kopf eingewachsen war.
Was es wohl mit Eigensinn auf sich hat,
Wenn er in Landschaften zerstreut wird,
Die post mortem erstrahlen?
Ein Versehen spiritueller Art,
Das notwendig ist.

VERBLENDUNG

Die Reise nach Innen birgt Gefahren,
Man könnte auch in Kriege fahren,
So lässt sich hier nicht scheiden,
Hier wie da grüßt dich das Leiden.
Leer war der Geist bevor im Lichte
Er rein und fromm die Welt erblickte,
Als bald die Nacht den Strahl erstickte
Und Angst und Dreck warn nun Geschichte.
Die Träume schwer, im Herzen leer,
Schien falsche Hoffnung nimmermehr
Zu geben, wonach das Antlitz schreit:
Die Liebe, doch war sie nun gescheit.
Mit Macht und Vernunft gottgleich werden,
So dachte man Altes neu zu gebären.
Was kam, war Spaltung, Hass und Krieg,
Die Blender schrien: Sieg, Sieg, Sieg!

ALT

Bilder,
Zerfressen von Wolfsrudeln,
Sangen sie in Nächten aus Teer
Von ihrer Beute.
Sang mit ihnen
Im Nebel meiner Erinnerungen.

MOMENTAUFNAHME

Ein toter, summender Vogel
Hängt bleich
Im Drahtgewirr
Eines verlorenen Krieges.

GRENZE

Oh Grenze,
Du schneidest mir tief
In mein Lachen.
Blutend ist dein Seelenherz
Nurmehr die große Träne Begräbnis.

RÜCKLINGS

Entdecke ein Loch in mir,
Grabe mich mit kindlich Unschuld
In es hinein.

Falle an alten Träumen vorbei,
Greife nach feuchtem Gestrüpp,
Mehr wohl fasst es mich.

Zartkindliche Gerüche
Durchziehen ernst mein Gehirn.
Jetzt weiß ich, kein Spiel mehr,
Altgebrannter Gedankensand,
Sollte ihn zerstäuben, dringend.

Erstickter Schrei krampft in mir,
Verschlossen seit jeher.
Mein ganzes Leben unterwandert,
Heimlich geführt aus reinem Schmerz.

RÜCKWENDE

Nadeln im Auge tauchen mich
In ein schmerzhaftes Gewitter.
Sehe sprühende Funken
Erkalten an mir.
Ohne die Flamme in meinem Herzen
Wär ich jetzt schon ewig kalt.

FLUCHT

Ich sah dein Gesicht schmerzverzerrt:
Wahrheit sprach aus deinen Kinderaugen.
Dein Rücken wurde zu deinem Gedächtnis,
Erinnerungen wollen nicht immer wissen.
Deine Seele krümmte sich auf sich zurück,
Es blieb ein Stein – schwarz und glänzend.
Heute steh ich am offenen Meer,
Fühle, dass du dort unten bist.
Zeit und Wasser streicheln dich sanft.

SPAZIERGANG

Späte Tage erweichen dein Nervenkostüm,
Draußen regnet's Bindfäden voll Traurigkeit.
Dein Kleid verändert sich,
Solch ein Muster sahst du nie.
Barfuß gehe ich mit ihm durch die Straßen,
Menschen fallen mir lachend an den Hals
Und küssen meine Stirn.
Da, am Ende, ich kann es schon sehen: Das Meer.
Salz auf meiner Zunge brennt langsam ein Feuer
In meinen Ich-Äther.
Halte tausend Grad aus,
Lege mich in ihm schlafen.

SPRINGEN

Scheinst mir den Mond ins Gesicht,
Wo gerade noch Sonne war.
Bleibe verdattert zurück,
Schaue in meine Gedächtnis-Kiste,
Gebettet in einem Riss voll Schmerz.
Will lernen, will wachsen, will neu beginnen:
Nur der Sprung wird uns rot und lüstern machen.

OHNE TITEL

Das Fädeln ist ein Träufeln –
Zerre dein Kleid ins Kopf-Fleisch.
Bahne dir dein Leben, auf dass es
Erinnerbar bleibt.

Die Spur verdampft,
Alsbald dein Atem die Welt von sich drängt.
So gebiert dir ein Gerinnsel ein Lebenswerk:
Fadenscheinig gerät der Applaus
In unsichtbare Mauerwerke,
Klatscht sich lauthals ins Leben hinaus.

So will es sich, was Ich ist:
Nur ein Gittermosaik,
Sich blitzartig dehnend
Lacht es Macht gegen stumme Mauern aus Krieg.

VOLLENDUNG

Traurigkeit in fernen Lügen,
Samt erdrückt mir die Kehle.
Entfernt brennt ein Feuer.
Die ausgestreckte Hand weint verdumpft,
Es ist der letzte Ausweg.

Liebesweh ist Tortur,
Der begangne Weg
Muss Früchte tragen.
Nun formlos will ich an den Ort,
Der gestaltvoll ist.

SCHMERZGEWITTER

Spuck die Trauer raus –
Aus dem Auge,
Das Knochengebälk sah
Und es nicht verdaute.

Reiß die Wunde los –
Mit beiden Händen.
Du meine Güte, dein Gesicht,
Rot wie ein zerfleischtes Herz!

Deine Hände greifen die Tränen
Und reiben tollwütig nach Reinigung.
Jeder Wirbel erzählt deine Geschichte:
Lauter Bruchlinien,
Die Differenzen ersticken dein Hinsehen.

Führe deine Kinderhand ans weite Meer,
Schreie glucksen in dein Ohr
Als kämen sie aus Urzeiten.
Jähzornig rennst du nackt ins Wasser,
Unbarmherzig diese Tiefe.

Kriegstote klatschen in dein Gesicht wie tote Fische.
Woher jetzt ein Lächeln nehmen
Auf der Reise nach gegiertem Hass?
Woher jetzt das Sanftmut-Nicken
Als Zeichen tiefen Verständnisses?

Tauchst auf: Hinter dir selbst.
Dein Hinterkopf fletscht Tigerzähne –
Nun weiß ich, dass du es ernst meintest.
All die Jahre waren dein Werk,
Der Abschluss längst vollendet.

Winke dir und sehe schon
Wie meine Hand zerfällt:
Herzensgruß an deine Zartheit.

SCHATTEN

Verbürge mich vor meinem Schatten,
Doch lieb ich ihn nicht.
Des Nachts steht er im Lichte seiner Aufführung
Und strahlt mir mit gestähltem Gebiss entgegen.
Könnt ich mich mit ihm ummanteln –
Die Wahrheit gäbe er mir nicht.
Und dann auf gelber Traumwiese
Ragen schwarze Vulkane
Knochig in die Höhe.
Mein Mund speit die Lava in sich zurück,
Bevor die Tränen andere treffen können.
Zärtlich beuge ich mich zurück auf meinen Schatten,
Spiele altes Spiel, um mich erdengleich zu weiten.
Mein Haupt umkranzt von dornigem Geweih
Geht die Tortur an meiner Seite weiter,
Mit mir, mit dir, mit uns.

PSYCHOSE

Sank meerwärts nieder
Vor grausamen Schauderregen,
Inmitten meiner Nächsten.
Niemand sah meine Ertrunkenheit,
Der Atem entschwand in unsichtbare Welten.
Glas-Augen kündeten
Von meinem Antlitz im Aufbruch,
Hatte keine Kraft mehr für dumpfen Gleichmut,
Viel zu versunken in eurem getrunkenen Leid.
Schaue zurück und wundere mich
Über die grimmige Blindheit,
Verpackt in milchigen Ahnlos-Gesten.

REINIGUNG

Schale Wände umgeben mich,
Ihr Holz keucht mit feuchtem Atem.
Wie lang kann man Vergangenheit riechen –
Jahrhunderte?
Schmetterlingswiese, nur einen Schritt entfernt,
Malt mir glückliche Farben in den Kopf.
Vor Freude zitternd ahne ich:
Babys Ahnung würde tausend Seiten füllen.
Bibeldick, das immer gleiche Wort: Schmerz.
Bring mir eine Neugeburt,
Gereinigt von klaren Seen,
Die nur eines kennen: Liebe.

ÖFFNUNG

Was bleibt mir in diesen Stunden –
Wehenden Haares, wallenden Blutes:
Der Blick ins Gewässer der Seele,
Ummantelt von Stein.
Gier nach Trug-Öffnung,
Gier nach dem Lach-Sekt,
Übersprudelnd fädelt er den Sinn
Zu einem gestrickten Muster aus Schönheit.
Was bleibt mir in dieser Sekunde –
Alles lacht, alles rumort, alles dampft
Am Hinterhaupt.
Gellendes Dröhnen von unbekannter Musik –
Ein Sphären-Konzert des Jenseits.
Tiefe entbirgt die Dunkelheit,
Aus der das Helle tropft.
Mein Same sei mir mein Hut!

RÜCKBLENDE

Zeitenwende!
Wende mich inwärts,
Die Augen ein Karussell
Aus klapprigen Knochenstümpfen.

Tiefenwärts im Tränental der Krise
Streichelt mich mein Seelengestell:
Ein Kriegsversehrten-Herz,
Pochend blickt es in sein Ende.

Gierfluss! In Berstung steigt er auf,
Ersteht sich eine Sicht,
Die unumwunden zerbricht.

Und da sehe ich,
Was nicht mehr Ich war.
Leise löst sich ein Schuss
Im welken Gedächtnis-Hauf.

SCHAUEN

Schau zurück, Kinderauge!
Zart webt dein Gedächtnis das Tuch,
Das dir liebevoll den Schweiß trocknet.
Salzwasser bedrohte dein Auge –
Du wolltest keine Reinigung.

Schau nach vorn, Kinderauge!
Hart felst sich das Leben vor dir auf,
Wissend, dass du schon zerfällst
In den Staub der Jahre –
Du wolltest das Nahe nicht sehen.

Schau nach unten, Kinderauge!
Dein Tanz birgt Hoffnung in deinen Adern,
Das Blut pulst pochend in deine Seele.
Roter Rausch ist das Leben –
Gleichwohl wolltest du nicht trunken sein.

Schau nach oben, Kinderauge!
Der Himmel spiegelt dein Lächeln,
Das die Welt umarmt.
So leicht war deine Aufgabe –
Und du wolltest Tiefe.

IN UTERO

Eingefaltet in ihrem Bauch
Liegt hirnrindendes Etwas,
Das nach Entfaltung schreit.
Abwässrige Früchte vermodern
Den Weltgeist vorab.
Reinigung um Klarheit willen,
Wie lange nur:
Kosmisch, historisch, zeitlos?
Eine Frage der Ent-Äußerung,
Eine Frage der Ge-burt.
Wer traut sich?

UNGEWOLLTE ASKESE

Tief in mir
Sitzt ein Schrei
Mit müden Augen
Und gesenktem Haupt.
Zu lang schon wartet er
Befreit zu werden
Von Wasser, Brot und Knechtschaft.
Träumt von üppigen Mahlzeiten
Und vollem Muskelkleid,
Entgrenzt am Firmament der Jugend
Den Sprung ins Nichts zu wagen.

APPELL

Hey, lieber Freund,
Sei nicht dein eigener Schatten,
Mache Handeln und Denken gleich,
Löse dich von allem Überflüssigen,
Tu endlich das, was du willst.
Das Leben in Extremen,
Du und dein Gedanke -
Ihr müsst eins sein.

SEINSWEISEN

Die einen öffnen ihren Schlund
Als gäb's am Ende keinen Grund.

Die andren schweren ihren Magen,
Im Anschlag schon ihr wehes Klagen.

Die einen lachen frei heraus,
Ein süßer, breiter Augenschmaus.

Die andren glucksen in sich rein
Als wär's verboten frei zu sein.

Die einen stellen keine Fragen
Und manchmal gibt's auch nichts zu sagen.

Die andren hören niemals auf
Zu fragen, was der Welten Lauf.

Die einen sterben früh und spät,
Stolz, was das Leben ihnen sät.

Die andren sterben spät und früh,
Im Blick nur Angst und Qual und Müh.

ABGRUND

Kurze Schlücke
Voller Leben,
Voller Nichts
Pressen mich
Gegen eine weiße Wand.

Schlucke mich endlich,
Du Milchmund
Aus kaltem Stein.

Blau läuft mein Rinnsal-Schweiß
An dir hinunter;
Da greifst du mich
In dich hinein.

Was bleibt – ein Kunstwerk,
Zeronnen am Pulswerk des Lebens.

AUSDRUCK

So gehen die Tage an mir vorbei,
Mein Auge vergeistigt und mit ihm die Welt.
Mein Körper ein Blatt Papier,
Es einspannend in die Welt-Walze
Hämmern sich tausend Stimmen
In mein Gehirn.
Der Schrei in mir wird lauter,
Doch hörbar ist er nur schwer.

AN HESSE

Die Ergriffenheit, wenn ich dich lese,
Treibt mir Tränen ins Gesicht
Und Erregung in mein Herz.

Bin verwandt deinem Schmerz,
Hab erkannt in deinem Licht,
Wofür ich leben will.

Mit dir in lauen Sommernächten:
Rauschend der Wein, vibrierend der Geist,
So sollt es sein, wenn es heißt,
Dass unsere Wesen die Zeit verbrächten,
Die mein Leben niemals wird gebären können.

So gedenk ich dir in aller Freundschaft,
Zieh mir an des Dichters Schuh.
So erlöse meinen Traum aus der Gefangenschaft
Wenn ich hab gefunden meine Seelenruh.

KOMM, RAUSCH!

Komm Rausch, zieh mich in deine Tiefen,
   Verbind mich mit allem zugleich.
   Die Zeit, als Mächte mich riefen,
   Ist zu lang vergangen und weich.

   Spiel ruhig auf meinen Nerven
   Die Melodien der Existenz.
   Welche Farben sie auch werfen,
   Tu's ganz – bis du brennst.

So wird mein Wind deine Asche verwehn,
   Dein Antlitz in Büchern erwacht.
   Und tausend Augen werden es sehen,
   Dass wir uns gemeinsam vollbracht.

KUNST

Das Mögliche in Wirkliches überführen,
Das ist Kunst.
Das Wirkliche ins Mögliche überführen,
Das ist Verschwendung.
Ist der wahre Künstler nicht ein Verschwender?

GEDANKENROSEN

Ein welkes Café-Schiff im Sprühregen entlässt
Dunstwolken aus klapperndem
Sprach-Geschirr.
Am Steuer ein Blumen-Kapitän,
Sein Schweigen dirigiert
Die ziellose Arche Noah zum Rosen-Leuchtturm.
Jener Duft streichelt die Noch-Fein-Sinnigen
Und wendet ihre Gesichter sekundenweise
Ins gleißende Licht
Entrückter Geist-Kultur.

STADTSCHATTEN

Mein Blick gleitet an dir vorbei,
Unmerklich, unsterblich,
Verwandelt sich und dich
In gefrorenes Mosaik.
Entlebt uns, entatmet uns
Von der Glieder Fluss
Und stanzt uns in diesseitiges Jenseits
Bis ein greller Schrei
— Niemand weiß woher —
Uns in tausend Stücken treibt
Ins unbändige Meer.

VOR-TOD

Die Gewohnheit schlingt sich mir um den Hals,
Sie engt mein Universum an seinen Anfang.
Nur noch Materie, auf die meine Seele sich
Nicht mehr einzuschreiben weiß.
Die Banalität des All-Eingeebneten,
Sie riecht nicht mehr, sie schmeckt nicht mehr,
Fühlte ich nur einen Hammer eindringen
In meinen Schädel:
Mein Körper wüsste mir ein heißes Tröpfeln
Auf mein Zart-Gewebe ein-zu-dringen,
Gegiertes Lachen gäbe es
Unter den glotzenden Schafen;
Ihr Blick ist der eines dumpfen Volkes.

DEIN WEG

Ebne deinen Weg,
Denn er ist deine Aufgabe.

Verkündet andernmals
Bleiben noch sieben Jahre.

Ebne deinen Weg,
Denn er durchläuft Stufen,
Die aus tiefer Ferne stammen
Und in hohe Ferne streben
Zu einem stets wiederauflebenden Kreisen.

‚Pris de vertige' –
Wie könnte es anders sein
Angesichts des Unaussprechbaren?

ARCHE NOAH

Flüster in mein Ohr,
Was tausend Jahre sagen wollten.
Gib mir dein Zepter –
Tränengleich stehst du da
Und wirrst deine Gedanken,
Sodass sie zu ertrinken drohen.
Vertrauen wäre nun die Chance,
Die leise Töne braucht,
Um unscheinbare Zeitritzen
Zu dehnen.
Weite meine Poren, erhebe meine Seele
Gegen dich,
Sodass ein feiner Dunst zu mir spricht,
In sieben Sprachen.

AUTOPOET

Erwarte keine Ehre, denn
Ich sehe dich von hinten,
Seh dich sitzen in Verzweiflung
Vor Papier, das langsam spricht.
Was du gebärst in deinem Kopfe
Wird Falten ziehn auf deiner Haut,
Wird Gabe sein, wenn deine Braut
Dich küsst und lässt
Versöhnung singen jenem Kampf.
Wenn aus deinem Antlitz
Menschen sich befreien,
Dann löst sich alter Knoten
In die Weite und du dich.
Dann schreite, schreite
Bis du dich siehst: mich.

AM MEER

Des Nachts am Meer sprühen Seelenfunken
Geistige Kleckse an den Himmelsrand,
Sodass mir feine Buchstaben winken,
Geeint durch Dichters Stimmen-Band.

Seelenstimme flüstert mir ins Ohr:
„Dein Ausdruck und dein Wille,
Hole sie empor,
Auf dass sie malen Stille."

Was einst Schrei war,
Ist nun Gedicht,
So flüstert mir ein Licht,
Die Seele es gebar.

Schaue auf den Seelengrund
Und lass ihn sprechen.

Stehe auf und wankend
Kippen Worte am Dichterschlund
Hinab auf warmes Papier:

Jetzt bin ich hier.

LEBEN

Die Zeit reift,
Bemächtigt uns mit aller Vorsicht.
Fordert uns vor anderen
Und vor uns selbst heraus.

Ihre geheime Blüte ist
Die Liebe.
Warum nur macht uns dies Geschenk
Noch zögern?

Vertrauen und Demut
An des Lebens Wegesrand,
So wird dein längster Weg
Erhaben und gelingen.

NERVENSPIEL

Der einfältige Falter ersehnt
Sein Zer-reißen
Ins symbiotische Nirwana.
Klapprig wabern seine Gelenkstümpfe
Im tauben Nichts
Bis ihn das Gift beißt
In die rote Nervenader.
Antlitzend hechelt Erregung hervor,
Ihm öffnend die Unverborgenheit,
Die sein Licht war und ist.

CHANCE

Hier sitzend zählt mich die Zeit an,
Flüstert mir ins Ohr, ich sei ein Nimmersatt.
Meine Gedanken laufen gierig in alle Richtungen,
Selbst um die Ecke.
Wo ist die sehnsüchtige Berührung,
Die mich friedlich macht?
Durch den Vorhang der Zeit schauen,
Sich die Hände halten,
Um das Unbegreifliche
Durch Nähe zu verstehen.

DURCHDREHEN

Walze wie ein fettes Schwein
In das aufgeblähte Buchreihenmuseum.
Reiße in Todesangst Blätter aus dem Ekel-Gebälk,
Das den Geist infiziert,
Lebendige Leichen gebiert.
Maschinengewehr-Gewitter gegen sinnlose
Buchstaben-Tinte.

In schwarzen Seen zerläuft
Nutzlos Dahin-Geräuchertes,
Ertrinkende wimmern wie Kinderseelen.
Nurmehr röcheln sie Buchstabensuppe
Aus ihren Glotz-Mündern.
Wickle ihre Ergüsse in weiße Tücher
Und trockne sie
Auf heißem Boulevard.

BEINAHE-SELBSTMORD

Er redete und redete,
Wurde mit jedem Schluck eloquenter.
Er musste sich gut gefühlt haben,
Ich hörte nicht hin und
Orientierte mich
Am Tonfall, den,
Wenn er sich neigte,
Ich mit einem Nicken
Abschloss,
Worauf er
Endlich
Luft holen konnte
Und doch nicht starb.

RANDEXISTENZ

Stets hältst du dich im Außen auf,
Zerrst dein Gesicht fratzig zum Mittelpunkt
Und gleitest mit den Hinterbeinen
Schon wieder zurück in deine Angsthöhle.

Stets kratzt du den Saum des Seins
Mit gierigen Fingern,
Wolltest hinein, ahnenmals,
Und heute verschwimmt selbst dein Blick.

Umgriffen bist du von dieser wabernden Masse,
Wenn dein Denk-Auge nach Zeptern schnappt.
Aber – lässt sich das Leben regieren?

Kaum trittst du hervor,
Fällst du wieder in dich zurück.
Dein Wille regt sich,
Sein Summen ist nicht mehr
Als ein Windhauch im Sturm.
Bleib ruhig sitzen, denn
Dieses Leben wird dich nicht mehr küssen.

DICH EINFALTEN

Ich falte dich ein, ganz behutsam
Mit zartem Finger.
Gebe dir einen Schubs nah deinen Lenden,
Sodass deine Enden
Bauchwärts ineinander fallen.
Mit trotziger Hand teile ich
Deine Säulenwirbel und falte dich rücklings.
Ulkig siehst du aus,
Wie ein Rollstuhl im Krankenhaus,
Knorrig und steril bist du jetzt.
Noch einen Stoß in deine Seite, der genügt,
Dass du dich ganz von selbst verbiegst,
Immer wieder.
Warum hast du dich auch nie entfaltet?
Gegenteilen nennt man das zu werden,
Was man niemals wollte.

LÜGE

Den du siehst, der bin ich nicht.
Den ich sehe, der bist du nicht.
Die wir sehen, die sind wir nicht.
Ob ich lüg, das weiß ich nicht.

SCHWEIGEN

Sie nehmen mich wahr
– Misstrauisch –
Weil ich nichts sage.
Fordere ihr Gebaren heraus,
Weil ich nichts sage.
Sie sind unsicher:
Wo passt der hinein?
Greift er mich an?
Greif ich ihn an?
Er sagt doch nichts!
Ist wohl ein Witz?
Geh ihm besser an die Gurgel!
Mach dich tot, mach dich tot, weil ...
Du lässt mich schweigen – –

SAUFGELAGE

Kommt, lasst uns des anderen Puls fühlen,
Wir geifern nach Nähe,
Was wohl geschähe,
Wenn unser Dreck schleudert aus Seelen-Mühlen?

Zerschnittene Masken aus Karneval
Legen wir gierig ins Mosaik.
Schau nur, was dem da entstieg:
Ein Lächeln aus Kinder-Qual!

Jetzt wollen wir alles wissen,
Zerschneid es noch mal
Bis in sein Leidenstal:
O je – sein Täter hat es im Bissen!

HÄSSLICHE MENSCHEN

Betrunkene Lachen benetzen wie stinkende Seen
Das kalte Pflaster,
Zeugen von einem Zuviel des Erträglichen,
Ausgeworfen von hässlichen Menschen.
Überall mühsam gehaltene Aggression,
Betäubung und Gewalt,
Wo gefeiert werde sollte.
Ein hybrider Geruch verbreitet Ekel in mir,
Ich muss hier weg, weg von euch,
Euch hässlichen Menschen.

ZWISCHEN-SICHTIGKEIT

Saug nur die Flasche an deinen Mund,
Dein stechender Atem zeigt am Morgen,
Dass dein dümmlicher Blick kaum mehr
Als Weg-sehen-Wollen war.
Deine Kultur geht zugrunde,
Sieh nur, am Himmel deine gelallten Einfaltsblüten,
Worte wie Esspapier, farb- und geschmacklos.
Nein, nicht nur du: Viele essen so,
Viele sehen am Himmel nur die Wolken.
Wird Zeit, der Mensch braucht
Die Zwischen-Sichtigen.
Wer schielt als erster für uns alle,
Auf dass wir nicht nur Watte, auch Nägel sehen?

VERGEBLICH

Flößte dir die Weltmeere in deinen Schlund –
Dennoch ertrankst du nicht.
Zerschnitt dich in vier Teile –
Du bliebst ein geisthaftes Ganzes.
Entriss dir die Augen,
Auf dass du deinen Blick abwendest –
Du starrtest weiterhin.
Wahrheit – nur so konnte ich dir beikommen.

SYNÄSTHESIE

Ich schau mir in die Augen
Und rieche eine Kirschblüte.
Sie fühlt sich an wie mein
Zerfleischtes Seelen-Herz,
Es kluftet seit Äonen
An einem Seil entlang.
Spucke ins Gedärm
Und weine dem Lärm,
Den die Krater erzeugen,
Wenn sie sich auseinander biegen.
Du wirst sehen, wir haben uns schon lange gehört,
Mein Riechen war dein Haar,
Das sich wie ein Stamm zur Freiheit bog.

TOPOLOGIE DES DICHTENS

Seelenwärts blickt das Wort,
Spricht aus tausend Spiegeln,
Sitze lauschend an seinem Ort,
Fernab auf leisen Hügeln.

LIEBESRUF

Mein Augenbein läuft auf deinem Regenbogen,
Sieht und riecht deine Farben.
Sie künden von deiner Seele
Und rufen: „Seht her,
Alt bin ich und müde,
Schickt mich nach Haus,
Sodass Ruhe und Frieden
Meine treuesten Freunde werden."
Wonach du rufst –
Ist es nicht der Menschen erste Höhle?

PHILOSOPH

Welches Wort kleidest du dir heute an?
Beugst du das Wort auf die Realität zurück
Oder die Realität auf das Wort?
„Wahre Worte wurden nie gesehen, nur Statthalter!",
Schreien postmoderne Architekten in kahle Wüsten.

NIETZSCHE

Nun bäum dich auf, Mensch!
Zu zäh fließt du vorbei an der Zeit,
Sodass Geschichte dich einholen kann.

Nun schau dich an, Mensch!
Dieses maskenhafte Spiel, immer noch ...
Kein Schnitt beseitigt dir diese ewige Falte.

Nun lach dich frei, Mensch!
Dieser Zustand entbindet dir den jüngsten Sohn:
Er giert nach Lebenslust.

OHNMACHT DER ERKENNTNIS

Ich sei eine Ameise,
Schaue nach oben,
Sehe nur undeutliche Konturen,
Mache mich auf den Weg,
Erreiche das Ziel,
Schaue zurück
Und es wird mir klar,
Dass es nur ein Bordstein war.

NACHT

Sanft legst du dich auf den Tag
Und bringst den wohlverdienten Schlaf,
Atmest tief und ruhig, erhaben und weise,
Ich spür dir nach und reise
Mit dir durch Raum und Traum.
Mir zeigend wer ich wirklich bin,
Versteh ich dich mehr und mehr,
Kehrst ewig wieder wie die Flut im Meer:
Bist der Tod und raffst die Illusion dahin.

TRAUMHEILIGE NACHT

Ein heiliger Traum in heiliger Nacht
Hatte mich um den Schlaf gebracht.
Er weihte mich in sein Geheimnis ein
Und sprach zu mir:

Ich bin der Schatten, du das Licht.
Ich bin der Nebel, du die Sicht.
Schaust du mich an, so siehst du dich.

Ich fragte ihn: Weiß ich, wer ich wirklich bin?

Du? Du bist des Lebens Sinn,
Du bist die Reise, ich der Weg.
Du bist dein Fuß und ich der Steg.
Wenn du atmest, bin ich da –
Wie in diesem Traum:

Dein Tag ist nah.

ZWEINSAMKEIT

Die Stadt atmet sich
Am Grunde ihres Herzens.
Die Stadt ist rastlos,
Ihr Herz *ist*, bevor es schlägt.

Die Stadt nähert sich ihrem Schlaf
In funkelndem Glanz.
Jener ist jedoch nur Fassade,
Es wird geblendet der,
Der sich aufmacht, die Wahrheit zu suchen.

Die Stadt kennt sich nicht,
Lebt in ihren Fragmenten.
Sie hat ein Bewusstsein,
Das ihr gleichsam unbewusst ist.

Die Stadt lebt,
Ist sich nah in der Ferne,
So wie ich:
Ungläubig winken wir uns zu.

STIMMUNGEN

Das Bewusstsein liegt in uns,
Die Welt ist draußen.
Das Ziel ist ihre Einverleibung,
Die Welt in uns –
Was für ein Gedanke!

Wir wären dem Urgrund so nahe
Und bräuchten uns nicht mehr
Angstumwoben winden zu jenem Licht,
Das alles erleuchtete.
Die Einheit mit dem Universum wäre vollzogen,
Es gäbe nur ein Bewusstsein – das göttliche?
Wovon man nicht reden kann,
Davon sollte man schweigen,
Es ist wahr.

Es gibt Muster,
Die nicht erkannt werden können.
Es gibt hier keine Verbindung,
Sie ist unmöglich
Und dennoch: Das Prinzip Entwicklung
Wird sie eines Tages offenbaren.
Es gibt keine Absurdität,
Es fehlen lediglich Verbindungen,
Sie aufzubauen,
Das ist die Herausforderung der Menschheit.

ERKENNTNIS

Diese Kaskaden illusorischer Verschwendung!
Es wird umgangen die Wahrheit des Tals,
Die so sanft schlummert
In den Rinden unvollendeter Häupter.
Umgekehrt ist die Ein-Zweiheit,
Es kann nur noch zerissen werden,
Was dem Schlangenbiss einst Süße abgewann.
Desillusioniert ist Nacktheit
Eine metaphysische Unmöglichkeit.
Warum reißt dieser Graben
Sein schwaches Gewand an sich,
So zart, so verzerrt, so unwirklich?
Könnte ich mich einen Teil
Des All-Durchdringenden nennen,
Die Natur baute mir ein Schloss aus Gräsern
Mit sinnlichen Düften,
Die, so sehr mich liebend, mir mein wahres Ich
Mit Tigerkrallen offenbarte.
Der Geköpfte, verblutend seine infizierten Wurzeln,
Wird für immer lächeln, denn er riecht
Die Weiten der Leere,
Die umweben die Schwere des Seins.
Der Stachel dringt tiefer, tiefer;
Durchdringend die erkalteten Schichten
Tritt warmes Blut aus ihnen:
Voller Erregung erwartet die feinsinnige Zunge
Die Erhellung des Seins.

ZUGREISE

Ein Gemälde, das niemals still steht.
Meine Augen kleben an den Horizont-Wolken,
Doch garstig schlingert das Naturschöne
Erdseitig am Gemälderand vorbei.
Rücklings zum Ziel ist es, als könnte ich
In die Vergangenheit blicken.
Eine Endlos-Schleife im ‚Heterotopos',
Der in sich zerfließt, sobald die Gegenwart
Ihn festhalten möchte.
Dieses horizontale Ziehen ist wie ein
Atemloses Ausatmen in eine Bilderflut
Als die Ebene eintritt: Ich steige aus.

ILLUSION

Greife in die Welt hinaus,
Immer wieder, immer wieder,
Bis den letzten Vorhang ich geöffnet,
Der alle wieder schließen wird.
Und all die Müh und all die Pein
Waren nur Zwischenspiel,
Dessen Sinn unsichtbar
Auf naher Bühne, zu der wir nie gelangten.
Und nun hör ich den Epilog:
Geburt ist Tod und Tod Geburt,
Was ihr dazwischen schaut ist nicht,
Was hier sich offenbart, ist nicht,
Was ihr zu schauen meint.
Versucht ein Stück zu schreiben,
In dem ihr nicht mehr vorkommt,
Dann seid ihr nahe an dem meinen
Und wollt es nicht mehr sehn.

MONOLOG ZUM URSPRUNG DER WELT

Kehre zurück zu jenen Zeiten,
Als noch kein Wort gesprochen war,
Kein Ding Gestalt besaß.
Zu jenen Zeiten,
Da es keine Re-ligio brauchte,
Denn das All-Eine war nur mit sich.
Es ruhte seit ewigen Zeiten,
Doch sollte sein reiner Schlaf nicht ewig dauern,
Alsbald die Seele des Ausdrucks
Sich aus dem Nichts erzeugte,
Eindrang in den leeren Traum.

Und plötzlich gab es Winde,
Unsichtbar, obwohl vorhanden.
Eine fremde Kraft, die unruhig stimmte,
Bald schon gab es einen Sturm,
Sodass sich am Firmament ein Auge öffnete,
Um die Bedrohung zu schauen,
Die dunkel und fordernd war.
Von nun an lange kein Zurück,
Noch heut ist's so:
Was aus dem Urgrund einst bewegt
Sich immer noch nicht inne ist.

ARTISTIK

Aus dem Gehirn läuft aderwärts
Ein Fettschwamm ins geistige Welt-Meer.
Komprimiert, erstickt, entweicht ihm dennoch
Ein Buchstabenkleid,
Deckt das Löwenbaby zu,
Das zum König werden sollte,
Noch ist's nicht tot.

Zahnwärts windet es sich in den Angriff,
Reißt Buchstaben-Kronen heraus,
Verteilt sie,
Streichelt sie,
Mahnt sie, sich aneinander zu reihen.
Nein, nicht in Reih und Glied,
Vielmehr in unbekannter Nachbarschaft,
Auf das Utopia ent-steht.

AN DIE SONNE

Schüttle die Kälte aus tausend Jahren,
Zerbrich den Granit aus Urzeiten,
Lache die Welle deines Herzens,
Dass sie flutend unsere Erde tränkt.

Und wenn der Strahl des Himmels
Und das Zerren des Mondes
Eine Muschel freilegt,
So horche ihrem Lied
Und du wirst dich erinnern,
Dass Weichheit das Prinzip allen Anfangs war.

ZUCKER

Saß an diesem seltsamen Tag
In diesem seltsamen Café.
Nahm den Zuckerstreuer,
Kippte leise weiße Punkte
In wohlgeformte Tassen,
Die alsbald formlos waren.

Schnell war der Tisch bedeckt,
Es knisterte schon,
Leute, die hereinkamen,
Zogen verdutzt die Augenbrauen hoch,
Mochten jedoch dieses leise Knistern und lächelten.

Schon bald waren ihre Leiber mit Zucker bedeckt,
Ihr Lächeln wich schnell Verzweiflung,
So schnell waren sie erstickt – allesamt.

Der Zucker brach durch die Fenster,
Legte sich wie eine Schneewalze
Auf totgeteerte Strassen.
Menschen schlossen panisch ihre Fenster,
Ein Flugzeug stach ungebremst in ein Zuckergebirge.

Heutzutage globalisiert alles so schnell,
Auch der Zucker macht da keine Ausnahme.
Sein Gewicht brachte die Erde ins Wanken,
Riss alles mit, bezuckerte das Universum,
Das gerade noch das unsrige war.

ERKENNTNISTHEORIE

Mein Ich und meine Welt,
Bin in sie gestellt.
Lehne mich an ein Objekt,
Das sich in meinem Kopf versteckt.
Denke an Liebe –
Wenn sie nur in mir bliebe.
Innen und außen zugleich, entweicht
Und bleibt sie mein Reich.

HEIDEGGERS ODEM

Sehnen siecht,
Wehen wiegt
In Umklammerung dessen,
Was einst Schlaf war
Soll nun das dritte Auge der Kultur
Er-stehen, flehen
Um des Umsichtigen Gabe.

GOTTESWAHN

Nunmehr bin ich da, immer noch,
Die Zeit zerreibt mein Gesicht.
Will mehr sehen, mehr noch,
Bevor der Tod zerstört mein Licht.

Versuche die Welt zu umgreifen,
Doch umgreift sie mich.
Dachte, ich könnt zu einem Gotte reifen,
Stets kam er – und entwich.

ANDERNORTS

Wo niemals wir waren, andernorts,
Nach langer, welker Reise, leise,
Wird das Leben uns entbinden.

Welches auch das letzte Wort,
Es wird uns finden,
Uns binden an den Anders-Ort.
Dann reise, leise,
Und lausche deiner Seele.

SAPHIRNÄCHTE

In Saphir getränkte Nächte
Frieren leise vor sich hin.
Traumhäupter weben einen Teppich,
Der sich sanft auf schwarzblaue Häuser legt.
Reste von Asche
Entsteigen in die Weite
Und rieseln unbemerkt
Auf schlafende Felder.
Selbst die wachenden Katzen trauen sich kaum
Die Stille zu berühren mit ihren Samtpfoten.
Das ist die Zeit,
Wo der Morgen in unendlicher Ferne ruht,
Als hätte es ihn nie gegeben.

WINTER

Hast uns tief in dich hinein gezogen,
Stellst uns in unerbittliches Nichts.
Bist du es?

Knarzender Schnee unter heißen Kinderschuhen,
So war es in der Welt,
Die längst stumm ist.

Wer wird uns in Zukunft stellen,
Wenn wir uns drehen
Nach allen Seiten,
Immer schneller,
Immer langsamer,
Wenn unser menschlicher Atem
Nach dem keucht,
Was man einst Geborgenheit nannte?

Leg ihn nieder, diesen Gedanken,
Und stapfe voller Unschuld
Mit bunten Kinderschuhen
An leise, nackte Pole.

TODESPUNKT

Dein Todes-Punkt
Schläft am Rande deines Atems,
Sehe ihn, er kommt aus alten Zeiten.
Sprich von dir,
Sag uns, warum dein Leben
Verschluckt jenes, was man einst Mensch nannte.
Ist's nur die Zeit, die dich kommend macht?
Oder ist es der Wille von andernorts,
Dich einst ins Leben warf,
Mich einst ins Leben warf.

SIECHEN

Aufgebahrt schwand dein Körper
In unsichtbare Nichtse,
Bald folgte deine Seele,
Hatte keine Kraft mehr
Sich an müdes Fleisch zu klammern.

Der erkaltete Haut-Haufen,
Das warst du nicht mehr.
So wurden wir gleichgültig,
Um den eigenen Tod nicht zu sehen.

GEHEN

Bewegungslos liegst du da,
Der Tod umgreift dich schon,
Zwischen seinen Fingern
Schickst du uns noch Liebe.

Gefesselt liegst du da,
Das Leben findet keine Kraft mehr
Dich zu entbinden.
So gehst du in den Tod,
Nimmst die Trauer mit,
Die sich uns so sprachlos zeigte.

Nah waren wir bei dir in jenen Stunden,
Fern bist du jetzt.

TRAUERNDE

Du bist es, der noch bleibt.
Du bist es, der noch geht.
Auch wir sind die noch Bleibenden,
Die noch Gehenden, wohl eher
Die noch Sehenden
Am Grab mit schwarzen Augen,
Mit Beinen aus Glas,
Mit Händen, die haltlos sind,
Mit Mündern, die ratlos sind,
Sehen wir dich versinken
In warme Erde.
Bist es schon nicht mehr,
Warst es schon nicht mehr.
Wir – die Warenden –
Sind zu einem Bild geronnen.

IRRSINN DES TODES

Von dir blieb nur ein Strich,
Er blies mir an knorrigen Sonnentagen
Ins krampfende Auge.
Umher blickend gebar sich mein Ich neu
An niemals versiegender Hoffnung.
Ich grüßte verzerrt glucksend einem Stil-Bruder
Und erstarrte eingedenk wahnhafter Zeichen
Am Spiegel-Horizont.

SONNENTAG

Das Beil glänzte, als es die Sonne sah.
Sein Haupt aber blieb matt,
Entzweite ihn, erbärmlich.
Nun saß er sich gegenüber,
Schaudernd an dem seinen,
An dem, was er nicht mehr war.
Wurde sich zum Spiegel,
Sah sich von jeher,
Aus sieben Himmelsrichtungen,
Das war sein eigentlich Tod.

TAU AUF DEINER HAUT

Liege neben dir und sehe Tau auf deiner Haut.
Ist's noch Winter?
Meine Hand fällt zur Seite in Dornenkraut
Und Blut läuft langsam hinter
Dich, umarm dich doch –
Spürst du noch?
Ob du mich liebtest, weiß ich nicht,
Hörst meine Tränen eh nicht mehr.
Dieser Morgen ist so kalt an deiner Seite,
Mein Blick kippt auf die Seite
Und fällt ins Meer,
Zerbricht.
Liege neben Dir und sehe Tau auf deiner Haut.

ORBIT

Treiben unsere schalen Körper
In Luftsesseln um die Erde,
Nicht wissend der Verderbnis
Und doch spürt's die Kinderseele.
Lehnt sich sanft an Vaters Arm,
Schaut direkt in Gottesauge,
Zitternd sucht sie Kinderglaube,
Fühlt am Hals schon Todesgarn,
Möcht niemals mehr gen Himmel fahrn.

SEEWÄRTS – HIMMELWÄRTS

Ließ mich fallen in ein Loch,
Das ich liebevoll „Nussschale" nannte,
Denn Schutz erhoffte ich mir von einem Akt,
Der im Kern Geburt war.
Mein Ohr meldete mir ein Schweben,
Mein Auge einen Traum
Und ich roch nie Gerochenes.
Hier schien ein Jenseits zu sein,
Das mich streckte,
Sanftmütig und folternd zugleich.

NICHT HIER, NICHT DORT

Es spannt sich der Mensch
In alle nur denkbaren Richtungen.

In Unter-Spannung fällt er in sich zurück
Und spürt, es klafft ein Loch in ihm,
Seltsam leer, seltsam leise.

In Über-Spannung wandelt er
An seinen Grenzen,
Voller Schmerz, voller Schrei.

Dort, wo er sich verliert,
Blickt er an sich selbst vorbei
Und fragend summt es ihm:
Gott, bist du's?

ZWISCHENWELTSSCHREI

Wir hatten Angst vor der Geburt
Und schrien sie lauthals heraus,
Wurden aufgefangen
Vom Leben.

Wir haben Angst vorm Tod
Und schreien sie lauthals heraus,
Doch wird der Tod uns auffangen.

Sind wir Schreiende nicht auch Lachende?

EINSAMKEIT

Öffnete die Augen,
Niemand war mehr zugegen.
War der letzte Mensch, nun,
Gleichwohl der erste.

Streckte die Hand aus, sehnsüchtig:
Sie blieb leer und kalt.

Mein schwarzes Herz pochte
Gegen leblose Himmel,
Zerteilte sich, blieb dennoch eins.

Konnte als solches
Sich selbst nicht zugegen sein –
Und starb dahin.

Alphabetisches Verzeichnis der Gedichte

Abgrund	46
Alt	24
Am Meer	57
Andernorts	91
An die Sonne	86
Angst	11
An Hesse	48
Appell	44
Arche Noah	55
Artistik	85
Auflösung	6
Ausdruck	47
Aus gesprochen	9
Autopoet	56
Beinahe-Selbstmord	62
Chance	60
Dein Weg	54
Dich einfalten	64
Durchdrehen	61
Einsamkeit	105
Entsprengung	22
Erkenntnis	81
Erkenntnistheorie	88
Ewige Wiederkehr	21

Farbtupfer	15
Flucht	29
Gedankenrosen	51
Gehen	96
Glück	16
Gotteswahn	90
Grenze	26
Hässliche Menschen	68
Heideggers Odem	89
Illusion	83
In utero	42
Irrsinn des Todes	98
Ist wie	13
Kastration	7
Komm, Rausch!	49
Kunst	50
Leben	58
Liebesruf	73
Lüge	65
Mit mir allein	66
Momentaufnahme	25
Momenttaumel	18
Monolog zum Ursprung der Welt	84
Nacht	77
Nervenspiel	59

Nicht hier, nicht dort	103
Nietzsche	75
Öffnung	39
Ohne Titel	32
Ohnmacht der Erkenntnis	76
Orbit	101
Philosoph	74
Psychose	37
Randexistenz	63
Reinigung	38
Reise	12
Rückblende	40
Rücklings	27
Rückwende	28
Saphirnächte	92
Saufgelage	67
Schatten	36
Schauen	41
Schizophrenie	20
Schmerzgewitter	34
Schweigen	66
Seelenweg	19
Seewärts – Himmelwärts	102
Seinsweisen	45
Siechen	95
Sonnentag	99
Spaziergang	30
Spiel der Nähe	8

Springen	31
Stachelherz	17
Stadtschatten	52
Stimmungen	80
Synästhesie	71
Tau auf deiner Haut	100
Todespunkt	94
Topologie des Dichtens	72
Trauernde	97
Traumheilige Nacht	78
Ungewollte Askese	43
Verblendung	23
Vergeblich	70
Vollendung	33
Vor-Tod	53
Winter	93
Wo	10
Woanders	14
Zucker	87
Zugreise	82
Zweinsamkeit	79
Zwischen-Sichtigkeit	69
Zwischenweltsschrei	104

Vom gleichen Autor erschienen:

Dirk Büsken

Denkwerk - Versuch einer philosophischen Lyrik

‚Denkwerk – Versuch einer philosophischen Lyrik' ist eine lyrische Reise durch sieben Themenkreise der Philosophie: Erkenntnis, Geschichte, Ethik, Mensch, Wahrheit, Natur, Kultur. Ein intellektuelles und ästhetisches Lesevergnügen im Zwischenraum von Dichtung und Denken.

ISBN: 978-3-7347-3438-0

www.dirkbuesken.de